Nos gusta

por Linda Koons

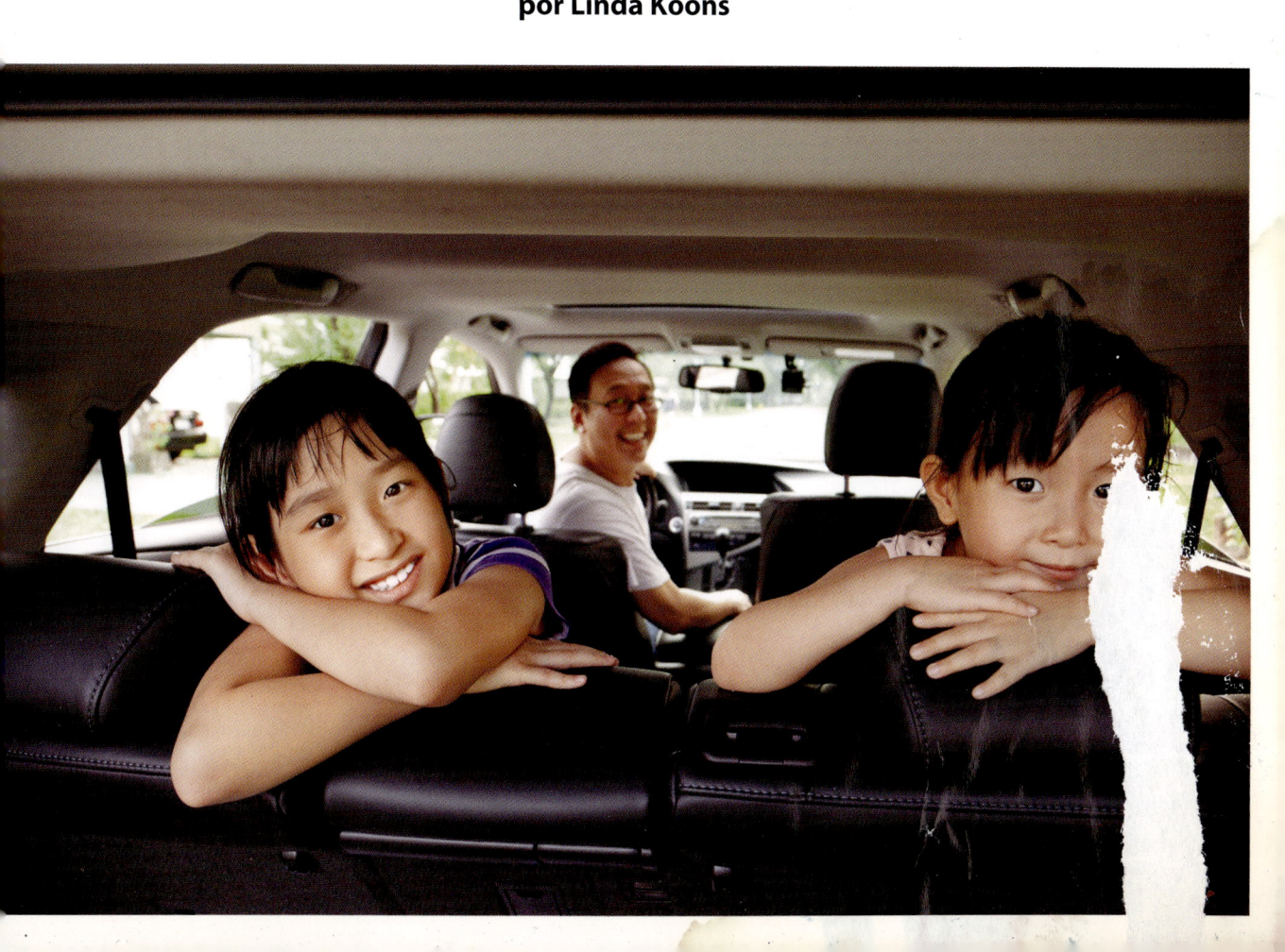

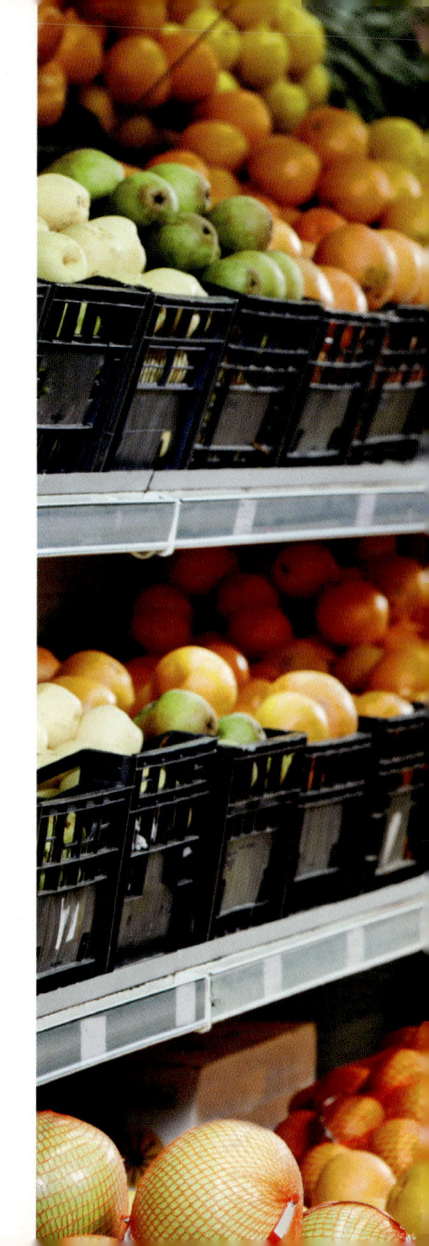

Nos gusta ir a la tienda.

3

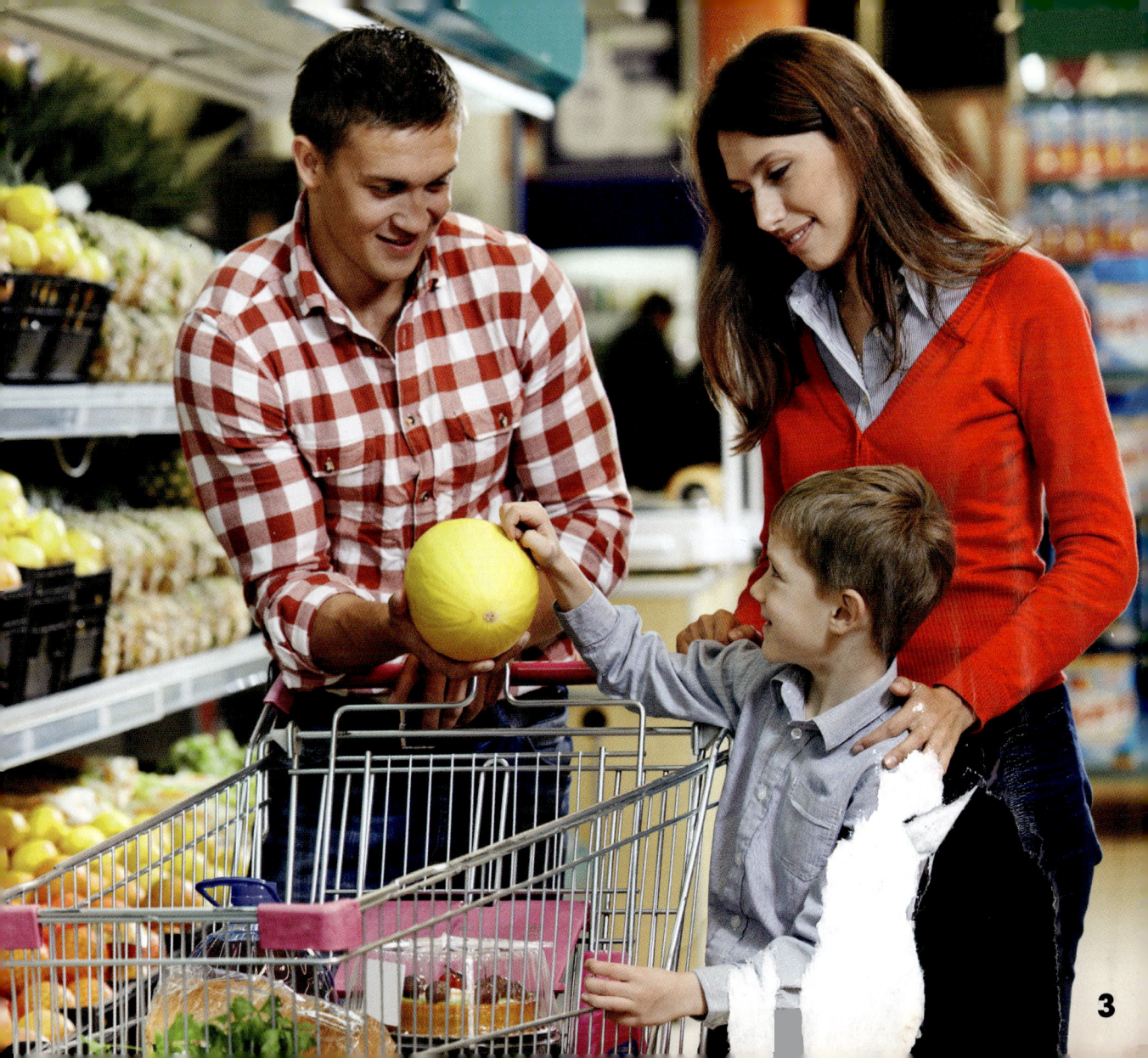

Nos gusta ir a
la escuela.

5

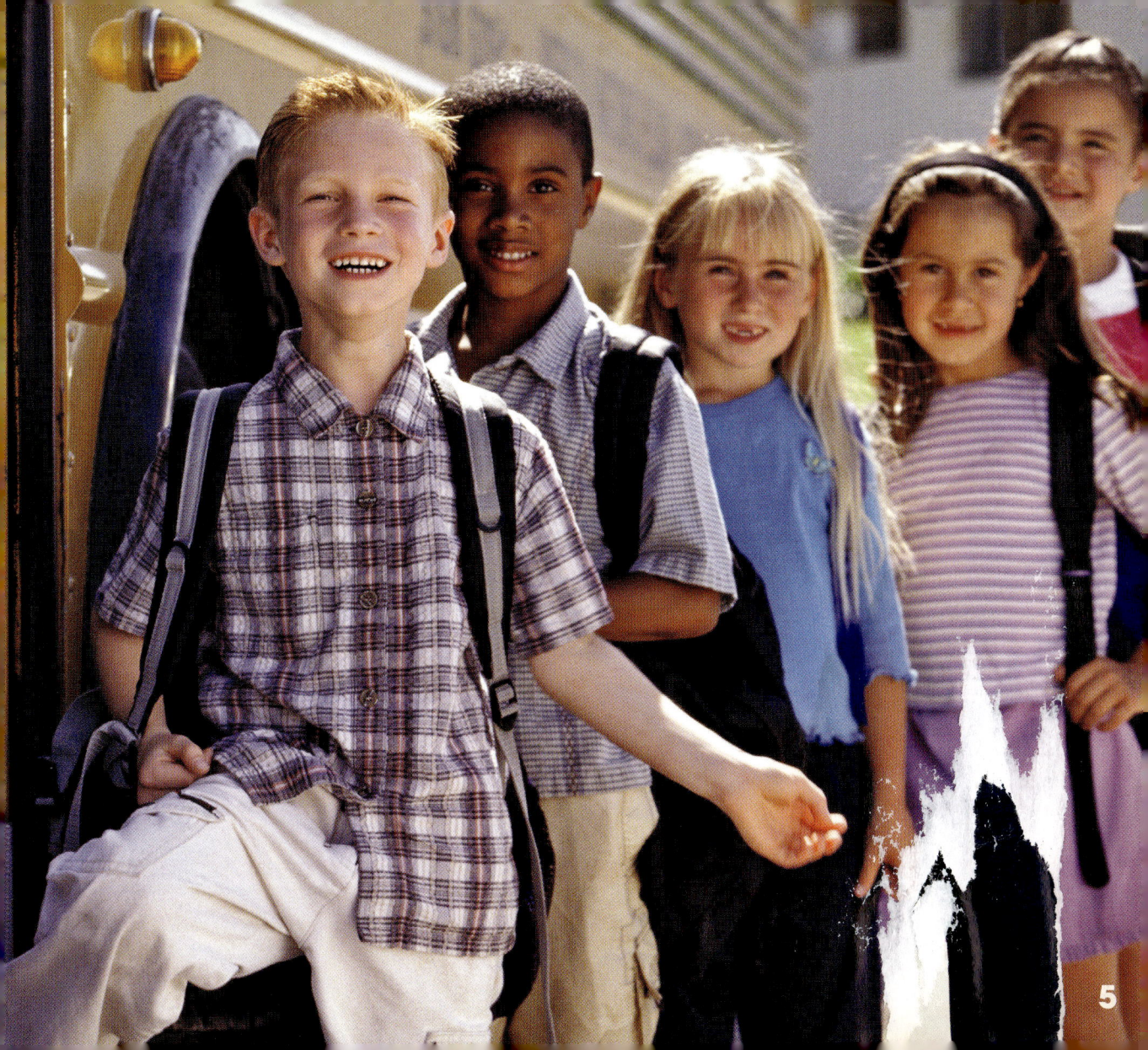

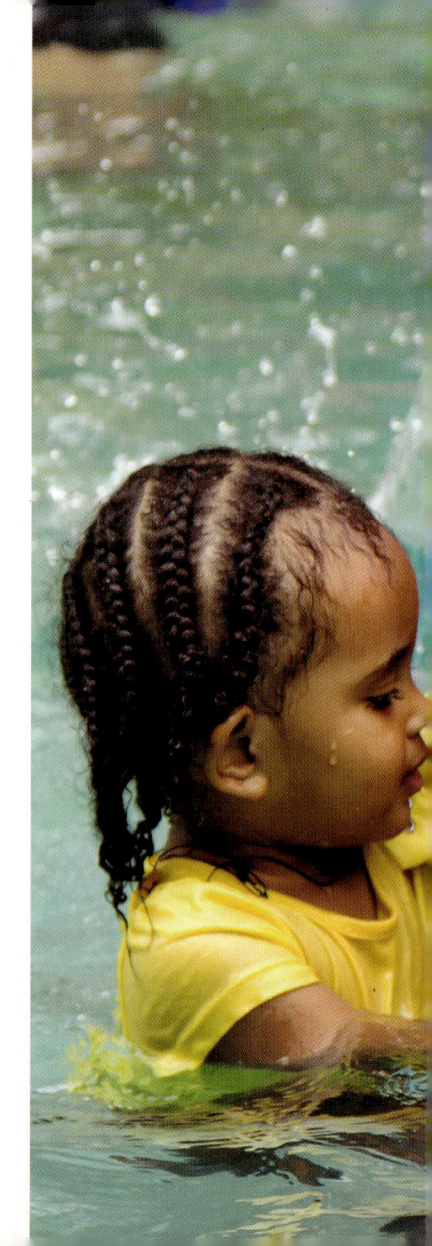

Nos gusta ir a la piscina.

9

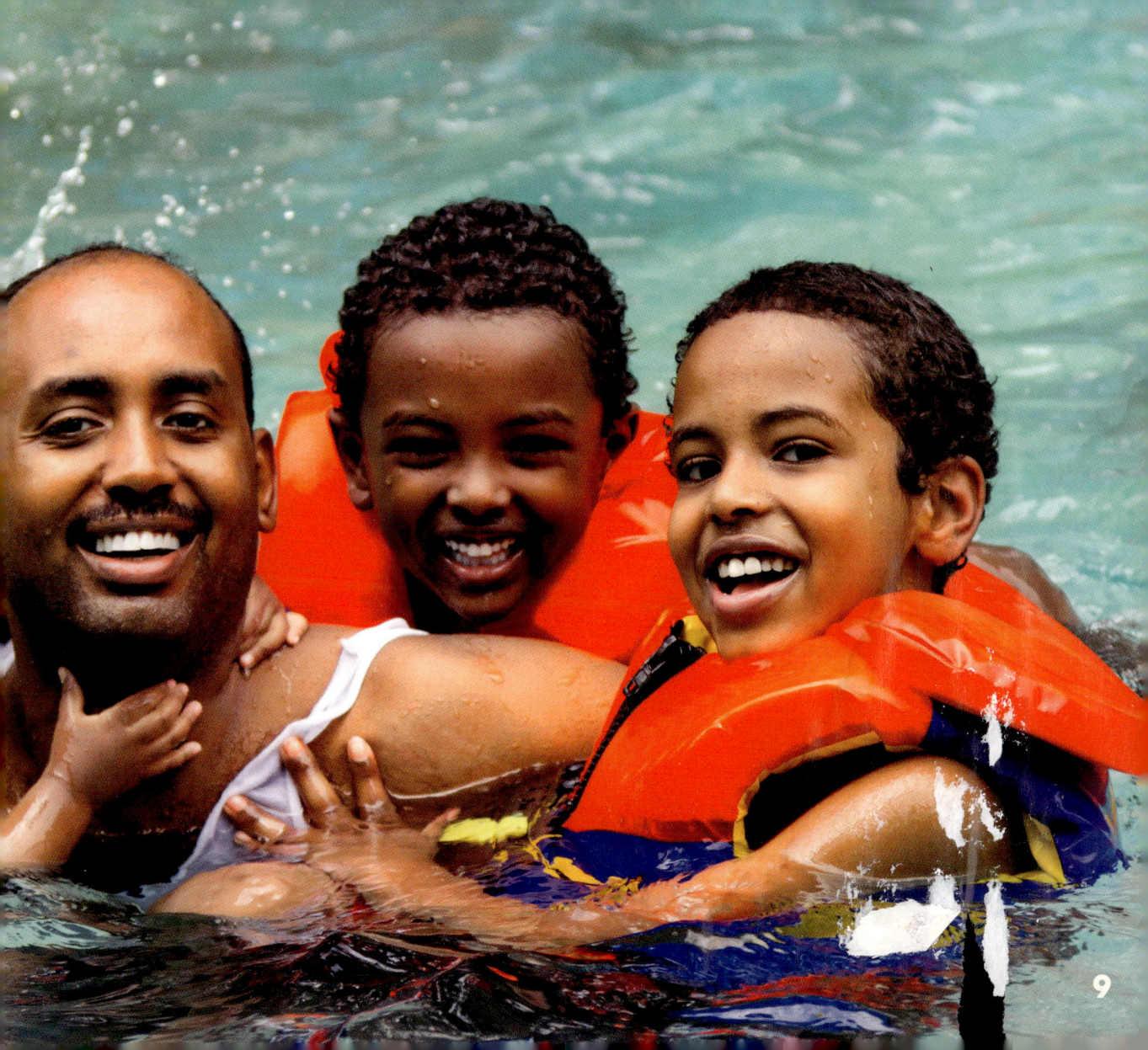

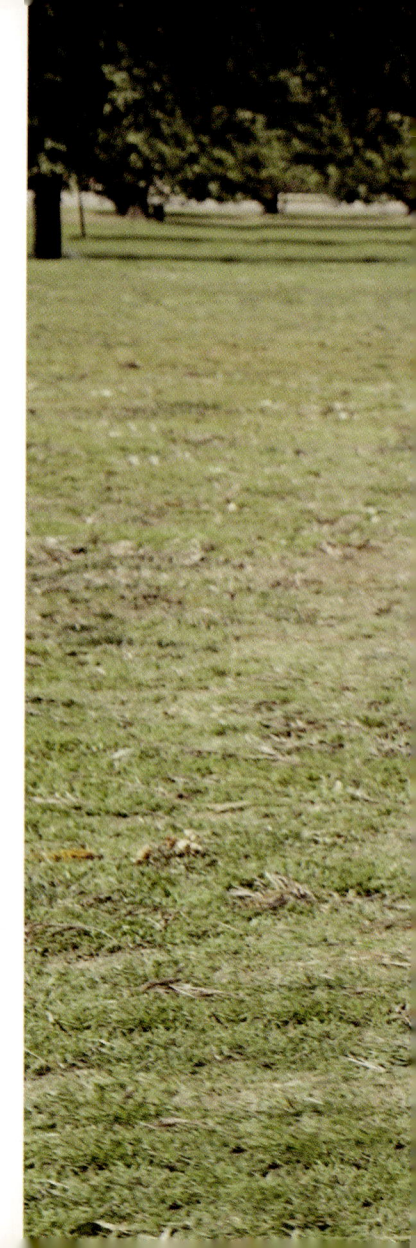

Nos gusta ir al parque.

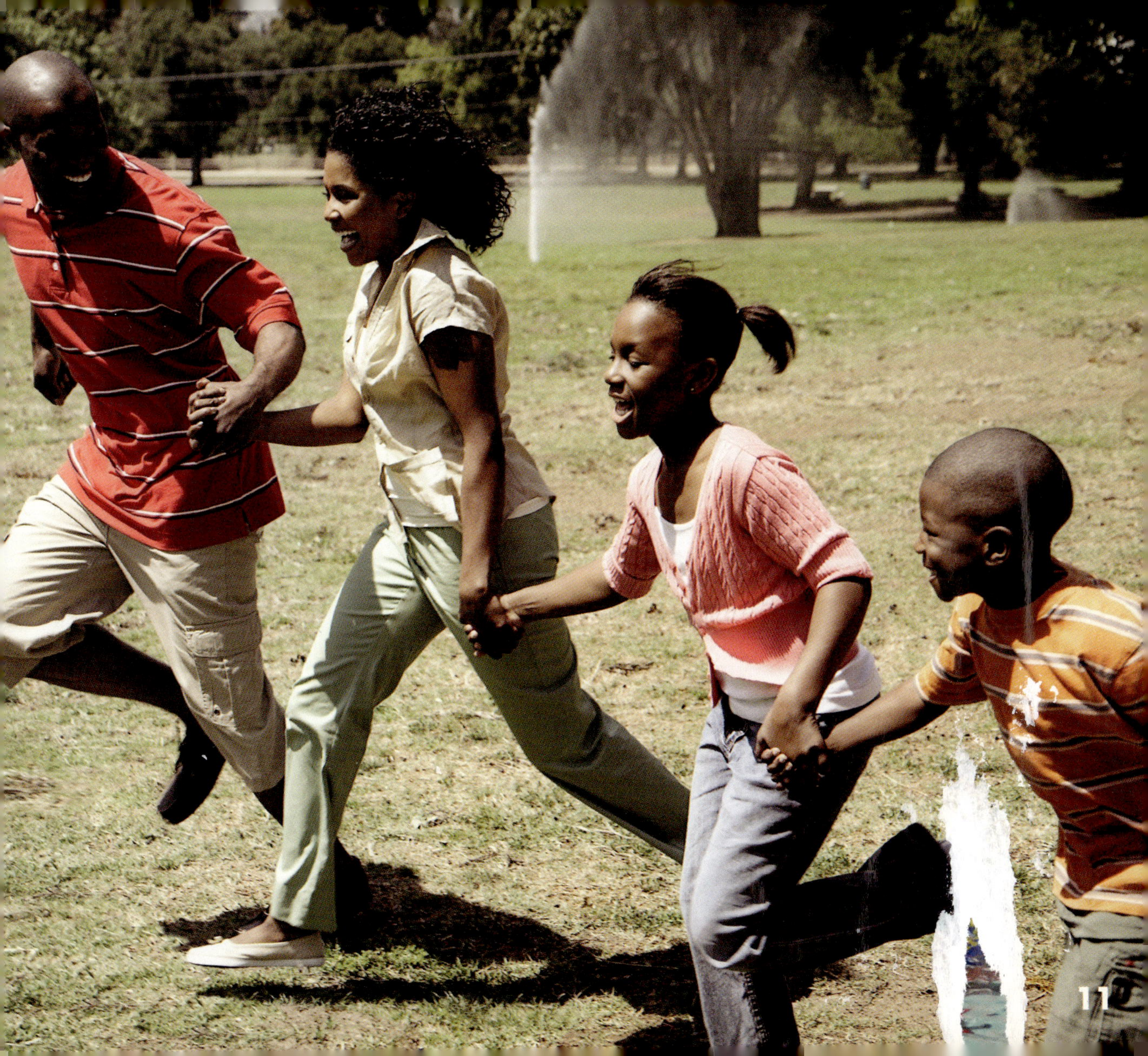

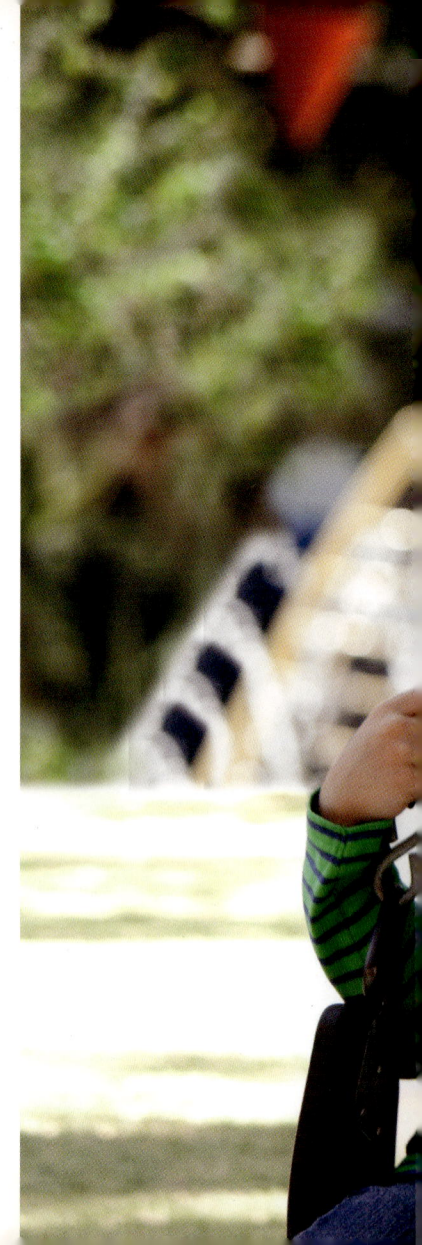

Nos gusta ir al parque infantil.

13

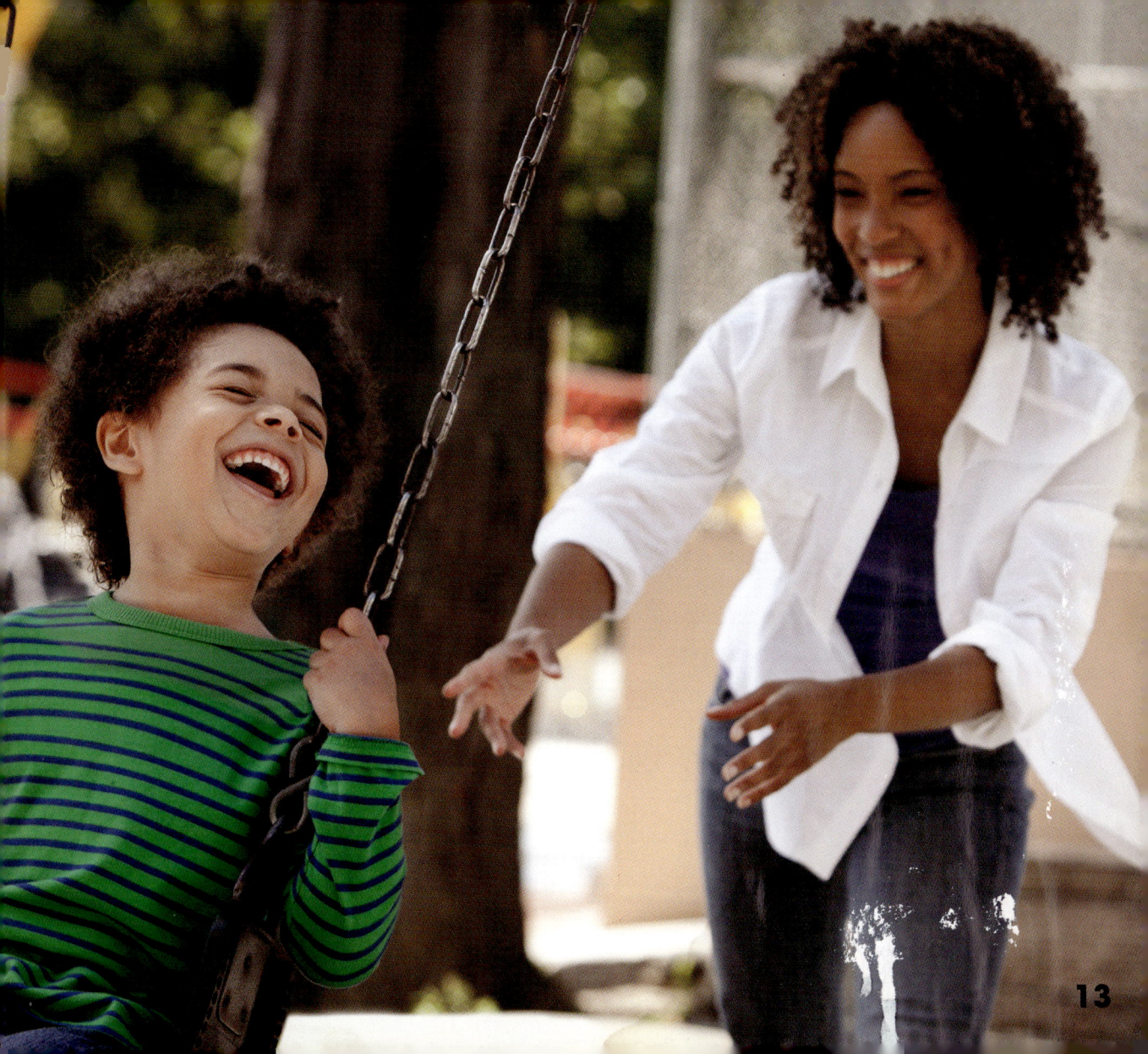

Nos gusta ir al zoológico.

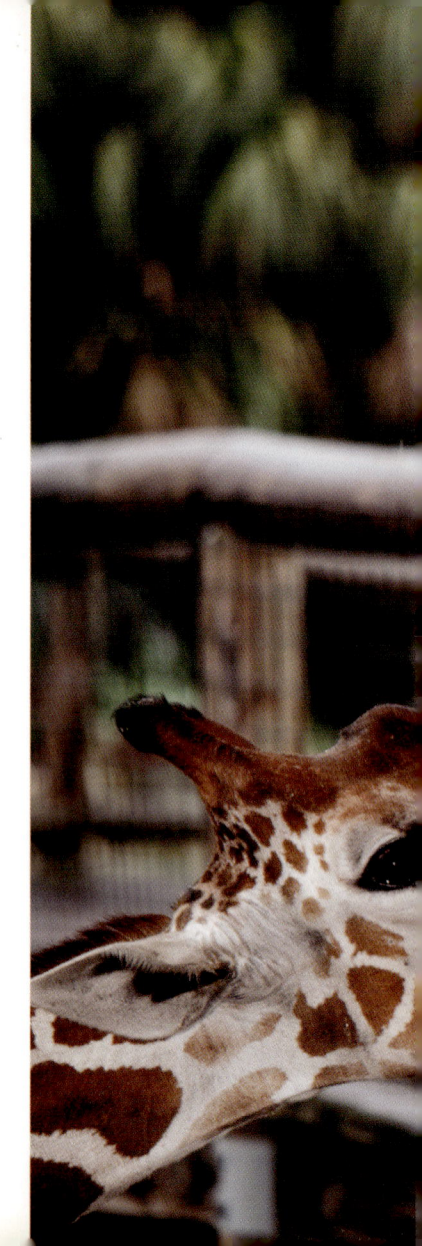

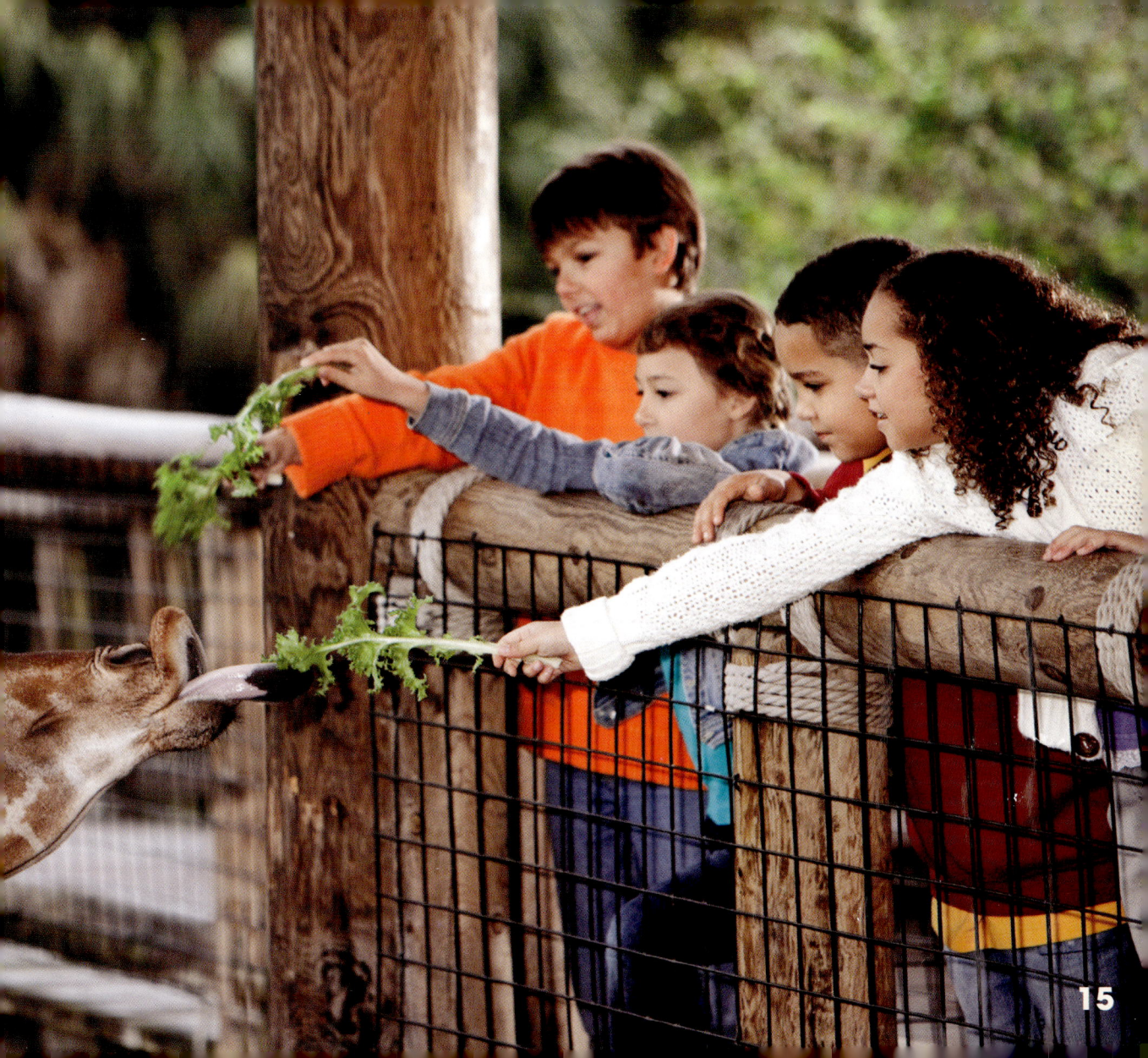

¡Nos gusta salir a divertirnos!

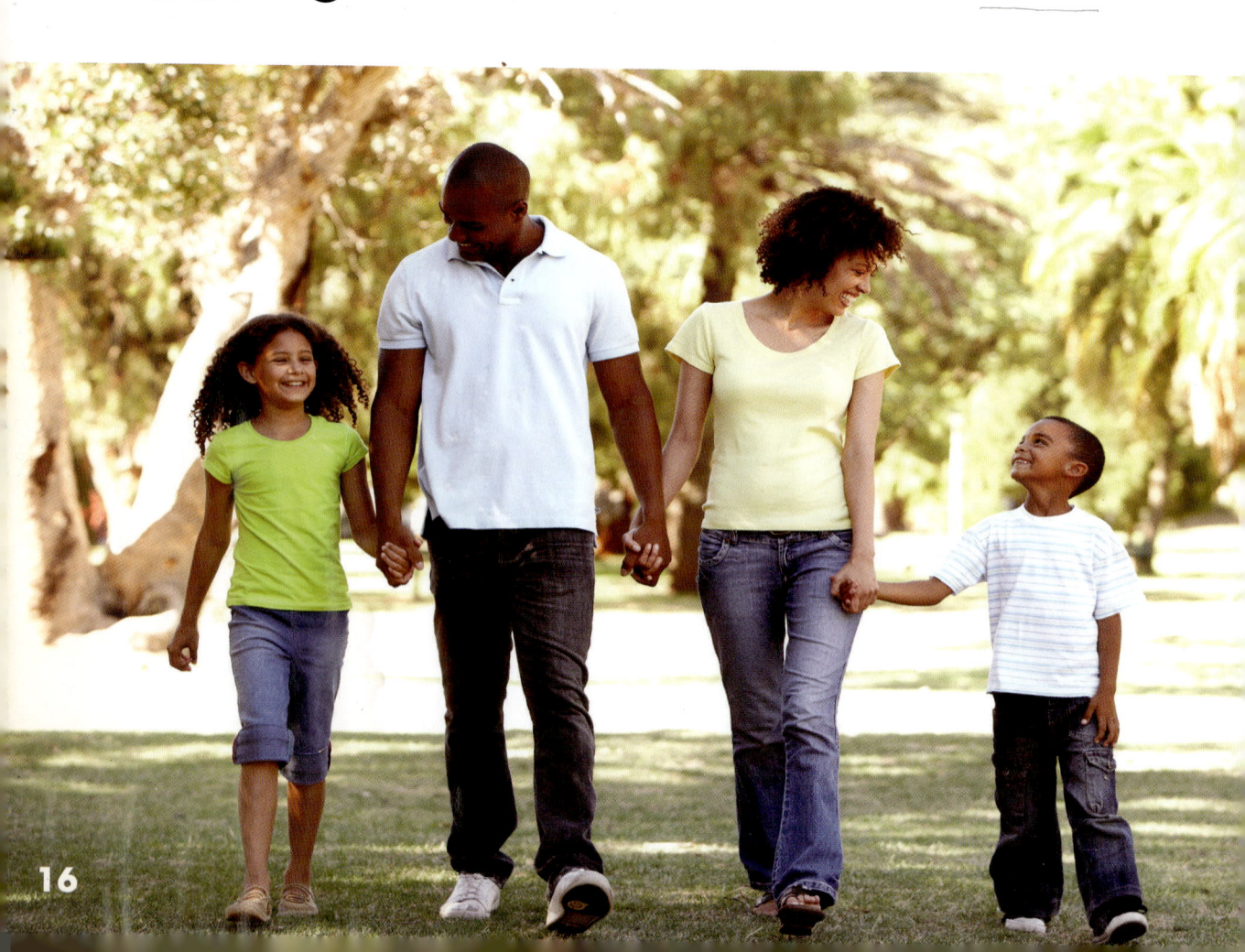